Esther Kraft

Sternstunden *für dich*

Worte, die das Herz berühren

Esther Kraft

Sternstunden *für dich*

Worte, die das Herz berühren

Rediroma-Verlag

Bibliografische Information der Deutschen Nationalbibliothek:
Die Deutsche Nationalbibliothek verzeichnet diese Publikation in der Deutschen Nationalbibliografie; detaillierte bibliografische Daten sind im Internet über http://portal.dnb.de abrufbar.

ISBN 978-3-98885-530-5

www.rediroma-verlag.de
7,95 Euro (D)

Inhalt

Vorwort

Der Stern ist in vielen Religionen ein Symbol, das die Bedeutung Führung, Licht und Hoffnung beinhaltet. In der christlichen Religion und Tradition steht der Stern in Verbindung mit der biblischen Weihnachtsgeschichte aus dem Matthäus-Evangelium Kapitel 2. Die Weisen aus dem Morgenland werden traditionell die „Heiligen Drei Könige" genannt. Sie beobachteten einen besonders auffallenden Stern, der sie dann nach Bethlehem zur Krippe des neugeborenen Jesuskindes führte. Diese Führung des Sterns und sein Licht kann als Begegnung der Weisen mit dem Göttlichen verstanden werden, die zu einer Veränderung ihres Lebens führte.

Menschen können sich von „Sternen" auch auf andere Weise abhängig machen. Sie lesen beispielsweise Horoskope und schreiben ihr Schicksal Sternkonstellationen zu, ohne dies kritisch zu hinterfragen. Oder sie verehren und vergöttern „Stars", wodurch ihr eigenes Leben und ihre Fähigkeiten immer mehr an Bedeutung verlieren. Beide Wege führen in eine ungesunde Abhängigkeit.

Der Stern in der biblischen Weihnachtsgeschichte, der die Weisen führte, blieb bei der Krippe stehen. Seine Führung endet auf diese Weise bei einem winzigen Kind armer Eltern in einem unsauberen Stall mit Tieren. Von einem König in einem prunkvollen Palast, den sie erwartet hatten, findet sich nach dem äußeren Schein keine Spur.

Das Großartige in der Welt ist häufig nicht an Äußerlichkeiten gebunden. Es findet sooft im Verborgenen und

Unscheinbaren statt. Nicht Herkunft und materieller Reichtum spielen die entscheidende Rolle.

Auch in deinem Leben, in deinem unspektakulären, häufig belasteten Alltag, kann es Sternstunden geben. Es sind die Momente, wo dir der wahre Reichtum des Lebens begegnet und du die Tiefe und Fülle unseres Seins erfahren kannst. Wo eine Begegnung mit dem Göttlichen möglich ist.

Beim Schreiben der Texte habe ich immer wieder an die Biographien von Lichtgestalten unserer Welt gedacht, die durch ihre Hoffnung, ihre Liebe zum Mitmenschen, ihren Mut, ihre Weisheit, ihre Gelassenheit, ihr Vertrauen und nicht zuletzt ihre Lebensfreude diese Welt zu einer besseren Welt gemacht haben und für mich- und vielleicht auch für dich- ein Vorbild sein können.

Ich wünsche dir bei deiner Lesereise zu meinen sieben Sternen viele Sternstunden für dein Leben.

Hoffnungsblicke

1.

Die vielen Sterne,
die am Himmel deines Lebens leuchten,
verleiten dich manchmal dazu,
das für Hoffnung zu halten,
was doch wieder erlischt.

An dir ist es,
offen zu bleiben,
die Suche
nicht aufzugeben
und den Glauben
zu behalten,
dass auch dein Leben
schließlich gut wird.

Du wirst dem Licht
begegnen,

das dich führt
durch die einsamen Straßen
und über die tristen Plätze.

2.

Der Stern der Hoffnung
wird manchmal
sehr verdunkelt.
Hinter finsteren Wolken
verschwindet
sein Licht
und die Nacht
in ihrer Schwärze,
scheint nach dir
zu greifen.

Dein Blick
sucht den Himmel ab,
verzweifelt, immer wieder

und findet nichts.

Es ist,
als wärst du
verlassen
in der Nacht
deines Lebens,
Waise im Universum.

Die Dunkelheit
wird immer Teil
des Lebens sein,
doch du kannst sie
besser ertragen,
wenn du die Hoffnung
an das Licht,
nicht aufgibst.

3.

Hoffnung ist der Stern

am Nachthimmel

deines Lebens,

der dir den Glauben

schenkt,

dass alles,

was kommt

und passiert,

einen guten Sinn hat.

Sein Licht

hilft dir,

weiterzugehen,

nicht stehenzubleiben,

und immer mehr

den Strom der Ewigkeit

zu spüren.

Hoffnung

leitet dich zu dem Ort,

wo du hingehörst,

deine eigentliche Heimat.

In dir wächst der Glaube,

dass das Leben nie aufhört,

sondern nur seine Form ändert.

4.

Das Licht des Sterns

der Hoffnung

möchte dir

mehr erleuchten

als die Bahnen

zu deinem beruflichen Erfolg

oder die Wege,

um privates Glück

zu finden.

Seine Strahlen
reichen weiter
als über
dein Hier und Jetzt.

Der Stern der Hoffnung
möchte in dir
einen hellen Raum schaffen,
wo du hoffen kannst,
über diese Welt hinaus,
in eine andere Weite,
in ein anderes Sein.

Der Stern der Hoffnung
möchte dich führen,
zu Gott.

5.

Da, wo der Stern der Hoffnung
sein Licht hinschickt,
wird die Angst vor dem Morgen
zu getrostem Vertrauen,
die Verzweiflung
zu neuem Glauben,
die Schwere,
zu lebendiger Leichtigkeit,
die Mutlosigkeit,
zu energievoller Tatkraft,
die Trauer,
zur Offenheit für neue Liebe,
der Schmerz,
zur Perle der Seele.

Da, wo der Stern der Hoffnung
die Seele berührt,
verliert
der Tod seine Macht.

Er wird nicht mehr sein

als ein Weg

aus Raum und Zeit,

das Tor

zu einem neuen Anfang.

Lichtgestalt der Hoffnung: Albert Schweitzer

Albert Schweitzer (1875-1965) wurde zur Lichtgestalt der Hoffnung, indem er ein medizinisches Projekt im Urwald von Gabun startete. Dort gab es zu dieser Zeit, wie in vielen Regionen Afrikas, keinerlei effiziente medizinische Versorgung. Trotz vieler Widrigkeiten, die sich ihm entgegenstellten, erreichte Schweitzer, dass sein Krankenhaus und die medizinischen Angebote immer weiter ausgebaut werden konnten und er wurde zum Vorbild vieler, die sich ebenfalls in Entwicklungsländern medizinisch zu engagieren begannen.

Anblick der Liebe

1.

Oft glüht die Liebe,

wie ein Stern,

der für kurze Zeit

gleißend am Himmel

erstrahlt.

Du fühlst dich

in seinen Bann

gezogen,

tauchst ab

in dieses magische Licht,

vergisst alles

um dich herum.

Für einen Moment

genießt

du

die zauberhafte Stimmung
und alles
erscheint dir
als eine glückselige
Ewigkeit.

Doch dann
erlischt der Zauber,
vergeht
der Rausch des Glücks.

Du findest
dich wieder
in der Schwärze der Nacht
deines Lebens.

Noch ein letztes Funkeln
erhaschst du
von deinem Stern,
bis er gänzlich

verschwindet.

Voller Sehnsucht
stehst du da,
versunken in
wehmütige Erinnerungen.

2.

Wenn du die Liebe suchst,
solltest du dich
zuerst
selbst lieben,
denn nur der,
der sich gefunden hat,
kann
ein glückliches Gegenüber
sein.

Wenn du dich

von der Liebe

retten lassen willst,

vergisst du,

dass das Leben

eine stürmische See

ist,

auf der zwei

das Boot navigieren müssen,

um den Sternenhimmel

des Glücks zu sehen.

3.

Die Liebe lässt

dich

ein Fest feiern,

da,

wo du es wagst,

auf Menschen

zuzugehen,

in sie zu investieren

und wirkliche Begegnungen

zu schaffen.

Das Leben

wird von der Liebe

neu geküsst,

wo du wagst,

Menschlichkeit

in diese Welt

zu bringen

und dich

von Gesetzen und Macht

zu lösen.

Die Liebe macht

die Welt heller

mit jedem Menschen,

der sich von ihr

berühren lässt.

4.

Liebe ist nicht

das Versprechen

an die Fehlerlosigkeit.

Und die vielen Unglücke

des Lebens

sind auch nicht durch Liebe

zu verhindern.

Doch Liebe hat die Stärke,

Fehler zu vergeben,

das Schöne hinter dem Hässlichen

zu sehen

und die Kraft,

Leid

gemeinsam zu tragen.

5.

Die Liebe macht dich
zu dem einzigartigen Menschen,
den es nur einmal gibt,
zu einer bestimmten Zeit,
an einem bestimmten Ort.

So, wie du bist,
bist du richtig.

Du musst nicht klüger,
erfahrener, schöner,
erfolgreicher oder
lebensselbstbewusster sein.

Du bist du.
Nicht auswechselbar.
Du bist du.

Auch wenn es kein Mensch

dir sagt:

Gott

sagt es dir zu.

Er wollte dich so.

Nicht anders.

Lichtgestalt der Liebe: Martin Luther

Martin Luther (1483-1546) wurde zur Lichtgestalt der Liebe, weil er die Christenheit im Mittelalter zu einem radikal neuen Gottesbild führte. Sein Gottesbild war von einem liebevollen Gott geprägt. Viele Menschen litten zu seiner Zeit unter Krankheiten und unter dem harten Leben als leibeigene Bauern. Aber die Kirche spendete keinen Trost. Denn von der mittelalterlichen Kirche wurden zusätzliche Ängste durch den Glauben an Hölle und Fegefeuer geschürt. Martin Luther vermittelte als Theologe ein entschiedenes Umdenken und reformierte kirchliche Machtstrukturen. Dabei riskierte er auch sein eigenes Leben.

Mutige Ansichten

1.

Das Licht des Sterns

des Mutes

möchte

in deine Lebensnächte

der Ängste und Sorgen

fallen.

Es möchte

die Dinge erhellen,

in denen du dich

schwach

und hilflos fühlst.

Das Licht des Sterns

des Mutes

möchte dir Kraft

geben,

über dich

hinauszuwachsen

und dich den Aufgaben

des Lebens

neu zu stellen.

Du wirst losgehen,

in dir

ist die Kraft.

2.

Das Licht des Sterns

des Mutes

will dich berühren,

so dass du

heraustreten kannst

aus deiner Schüchternheit.

Es zeigt dir einen Weg,
dich nicht mehr
beeindrucken zu lassen,
von denen,
die das Sagen haben
und Macht ausstrahlen.

Vielleicht gehst du
nur zögernd
in dieses Licht,
obwohl es dein Leben
heller machen würde.

Wage aber diese Schritte.
Lasse die Furcht los,
die dich klein
halten möchte.

Du hast einen Wert,
den dir keiner
nehmen kann.

3.

Der Stern des Mutes,
möchte dir Strahlen
schicken,
die dich selbstbewusst
werden lassen.

Egal, was du erlebt hast,
du wirst hinaustreten,
aus dem Grau
der Nichtgesehenen
und Stärke gewinnen.

Deine Positionen
sind wichtig.
Auch du hast
das Recht,
einen Standpunkt
zu vertreten
und gehört
zu werden.

Du bist nicht

unwichtig.

Du musst

nur lernen,

dich

in einem anderen Licht

zu sehen.

4.

Je mehr Licht

des Sterns des Mutes

in dein Leben fällt,

umso weniger

wirst du

abhängig

von der Meinung

anderer

über dich.

Du bist
einzigartig.
Zu dir gehören
Begabungen
und Schwächen.
Liebe und Zorn,
Vertrauen und Angst.

Du musst es nicht
allen
recht machen.

Sei mutig
und stehe
zu deinen Grenzen.

Denn ansonsten
bist du
der Mensch,
den du

am meisten verletzt

und schließlich verlierst.

5.

Du bist auf dem Weg

dich selbst zu vertreten,

ohne andere dabei

zu verletzen.

Du lernst Grenzen

zu setzen,

ohne übergriffig

zu sein.

Immer mehr

erkennst du,

dass wirkliche Stärke,

Selbststärke

und nicht das

Beherrschen

von anderen

ist.

Zu deinem Vorangehen

gehören

Mut und Achtung,

denn auch die Wege

anderer sind wichtig.

Sei mutig

und gehe voran!

Lichtgestalt des Mutes: Martin Luther King

Martin Luther King (1929-1968) wurde zur Lichtgestalt des Mutes, indem er unermüdlich die Gleichberechtigung von Farbigen und Weißen in den USA forderte und mit seiner Bewegung einen gewaltlosen Kampf gegen Unterdrückung und soziale Ungerechtigkeit führte. Sein Engagement trug wesentlich dazu bei, dass die Rassentrennung in den USA gesetzlich aufgehoben wurde. Sein Einsatz kostete ihn bei einem Attentat seiner Gegner das Leben.

Weise Einblicke

1.

Am Anfang deines Lebens

war es wichtig,

auszuprobieren

und Erfahrungen zu sammeln.

Mit den Jahren

wurde es aber für dich

immer entscheidender,

manche Dinge

in einem anderen Licht

zu sehen.

Die Sackgassen

und Irrwege

haben dich

müde gemacht.

Deshalb öffnest

du nun deinen Blick.

2.

Aus der Dunkelheit

dringen die Fragen

des Lebens

und werden von dir

in das Universum gerufen.

Sie wenden sich

an den Himmel.

In ihnen

ist die Sehnsucht,

gehört zu werden.

Dein Leben

besteht nicht mehr

aus den oberflächlichen Sorgen

um Geld, Vergnügungen und Ansehen.

Du willst mehr

wissen

und in die Tiefe

dringen.

3.

Den Stern

der Weisheit

musstest du

vielleicht

länger suchen.

Sein Licht

ist manchmal

nur schwach

und schwer

zu erkennen.

Doch irgendwann
strahlt es auf.

Deine Erfahrungen
und Erkenntnisse
erscheinen nun
ganz anders
und so,
wie du die Dinge
bisher gesehen hast,
ist es für dich
nicht mehr stimmig.

Etwas ändert sich.
Die Zeit
war reif dafür.

4.

Immer stärker
erahnst du,
dass das Leben
mehr ist,
als das Erfüllen
materieller Wünsche
und dass etwas
Wesentliches fehlt,
wenn du dich nur
mit Äußerlichkeiten
beschäftigst.

Der Stern der Weisheit
möchte dir
mit seinem Licht
den Raum eröffnen,
wo der wahre Reichtum
des Lebens zu finden ist.

5.

Wenn das Licht
des Sterns der Weisheit
dein Leben erreicht,
wird auf einmal
Unbedeutsames
Bedeutung erlangen.

Das Leben ist
nicht mehr länger
eine Aneinanderreihung
von Tagen und Jahren,
sondern du beginnst
zu verstehen,
warum manches so kam
und was du
daraus lernen kannst.
Deine Urteile werden
nun vorsichtiger
und deine Ratschläge besonnener.

Du wirst anderen
nicht mehr sagen,
was sie zu tun haben,
sondern ihnen zuhören,
sie ernst nehmen
und unterstützen.

Dein Handeln
wird kritischer
und überlegter.

Du hast die Grenzen
der naturwissenschaftlichen Gesetzmäßigkeiten
erkannt
und lässt es zu,
dass es mehr gibt,
als der Mensch mit seinen Sinnen
erfassen kann.

Du kannst loslassen

und festhalten

und weißt,

wann für beides

die Zeit ist.

Lichtgestalt der Weisheit: Albert Einstein

Albert Einstein (1879-1955) wurde zur Lichtgestalt der Weisheit, indem er einerseits die Welt durch seine genialen wissenschaftlichen Entdeckungen bereicherte, andererseits aber auch seine außerordentliche Bekanntheit nutzte, um sich für Völkerverständigung, soziale Gerechtigkeit und Frieden einzusetzen. Er gilt als bedeutendster Physiker der Wissenschaftsgeschichte, die Relativitätstheorie und Quantenphysik gehen auf ihn zurück. Religion und Wissenschaft betrachtete er nie als Widerspruch.

Gelassenheit in den Blick nehmen

1.

Angesichts der vielen Kriege
und erschütternden Katastrophen
fällt es dir nicht immer leicht,
gelassen zu bleiben.

Die vielen Bilder
von den Katastrophen des Lebens
überfluten dich.

Du versuchst sie
auszublenden.

Doch immer wieder
steigen diese Bilder
der bedrohten
und angefochtenen
menschlichen Existenz

in dir auf.

2.

Auch dein Leben wird
immer wieder verdunkelt,
von Schwierigkeiten
und Verlusten.

Aber es gibt ein Licht,
das dir neue Zuversicht
schenken kann.

Öffnest du dich dafür,
spürst du,
wie du Dinge
langsam annehmen kannst
und Verzweiflung
zu weichen beginnt.

3.

Gelassenheit ist das Licht,

das in deine Seele fällt,

wenn die Widrigkeiten des Lebens

dich nicht mehr

beeindrucken können.

Es macht dich stark darin,

trotzdem das Gute

zu erwarten

und dich nicht

erschüttern zu lassen.

Gelassenheit gibt dir

die Kraft,

das auszuhalten,

was schwer und hart ist

und dich

auszusöhnen

mit dem,

was das Leben

dir

nicht gibt.

Du kannst so

auf jeden neuen Tag

mit Vertrauen

zugehen,

ihm die Chance

geben,

zu einem

wunderbaren ersten Tag

des Rests deines Lebens

zu werden.

4.

Im Licht

der Gelassenheit

versöhnst du dich

mit deiner Vergangenheit.

Du hast nicht
alles bekommen,
aber genug,
um über die Reichtümer
deines Lebens
staunen zu können.

Die Bewertungen anderer
bringen dich nicht
mehr aus dem Gleichgewicht.

Du weißt,
dass du mehr bist,
als das,
worauf andere
dich festlegen wollen.

Du kannst gelassen

in die Zukunft sehen:

Im ständigen Fluss

des Lebens

entwickelst du dich

immer weiter.

5.

Was morgen kommt,

weißt du noch nicht,

aber es soll dich auch

nicht kümmern.

Denn du lebst

im Hier und Jetzt.

Deine Pläne

und Wünsche

für morgen

geben

deinem Leben

Perspektiven.

Doch du musst
nichts mehr
erzwingen.
Du bist offen
für das Leben
mit allen seinen
vielen Möglichkeiten
und unerwarteten
Wegen.

Du gehst deinen Weg
im Bewusstsein,
dass das geschehen wird,
was passieren soll,
aber du deinen Weg
prägen und mitgestalten
kannst.

Du hast die Freiheit

deines Geistes entdeckt,

das letzte der Dinge,

die dir niemand

wegnehmen kann.

Lichtgestalt der Gelassenheit: Victor Frankl

Victor Frankl (1905-1997), Begründer der Logotherapie und Existenzanalyse, wurde zur Lichtgestalt der Gelassenheit, da er trotz menschenverachtender Umstände, die er als KZ-Häftling erlebte, seine innere Würde aufrechterhalten konnte. Aufgrund seiner jüdischen Abstammung wurde der bis dahin in Wien lebende Neurologe und Psychiater 1942 deportiert. Im KZ versuchte er trotz widrigster Lebensumstände, täglicher Erniedrigungen und Entbehrungen dem Leben einen Sinn abzugewinnen. Er überlebte, arbeitete nach dem 2. Weltkrieg erfolgreich als Professor in Wien und gab vielen Menschen Halt.

Aus der Sicht des Vertrauens

1.

Oft ist dein Vertrauen
enttäuscht worden.
Immer wieder
hast du
die Erfahrung
gemacht,
dass Menschen
dir nicht
wohlgesonnen waren.

Du ziehst dich
in dich
zurück.
Niemanden lässt
du
mehr an das heran,
was dir wirklich

wichtig ist.

Du schweigst
über deinem Schmerz
und schluckst
deine Tränen herunter.

Doch du vergisst,
dass es mir
vielleicht
genauso geht.

Ich sehne mich
genauso danach
wie du,
zu reden,
ohne sich
schämen zu müssen,
ohne das Gesicht
zu verlieren.

Du solltest

dich trauen.

Ich sollte

mich trauen.

Wir sollten

einander

wieder vertrauen.

2.

Das Leben hat

dir beigebracht

misstrauisch zu sein.

Denn jemand

könnte es

nicht gut

mit dir meinen.

Die Erfahrung

hat dich gelehrt,

auf der Hut zu sein

und nicht allem

zu glauben.

Doch ohne Vertrauen

wird das Leben

irgendwann

zum Kampf.

Und jedes Miteinander

ein Kräftemessen,

ein Akt

des Beweisens,

des Testens,

wer der Stärkere

ist.

Lass das Licht

des Vertrauens

wieder

in deinem Leben

zu.

Es ermöglicht dir

wegzusehen

von allen Erfahrungen,

die dich

Vorsicht

gelehrt haben.

Gehe deinen Weg

in die Gemeinschaft

zurück,

zum Du,

das dich

sehnsüchtig erwartet

und sich

auf dich

freut.

3.

Vertrauensvolle Menschen
werden oft als
naive Menschen
gesehen
und Gutgläubige
als die,
die sich zum Narren machen.

Dabei bräuchten wir gerade die,
die ihre kindliche Seele
noch nicht verloren haben,
und auf andere
und das Leben
ohne Argwohn zugehen.

Sie bereichern
unsere Welt,
indem sie
das Gute

in dir und mir

sehen

und erwarten

können.

4.

Vertraue dir,

auch wenn andere

deine Stärke

immer wieder

bezweifeln.

Vertraue dir,

auch wenn andere

dir Fähigkeiten

absprechen.

Vertraue dir,

auch wenn andere

dein Vertrauen

in dich selbst

zerstören wollen.

Du solltest

dir vertrauen.

Denn nur du

kannst

dein Leben

in die Hand

nehmen

und nur du

deine Träume

Realität

werden lassen.

Vielleicht

werden andere

einmal

staunen,

was durch

dein Vertrauen

in dich selbst

entstanden ist.

5.

Gott,

kannst du Gott vertrauen?!

Dem Gott, der Kriege zulässt?

Dem Gott, der Menschen,

die noch ein ganzes Leben

vor sich haben könnten,

sterben lässt?

Dem Gott,

der jeden Tag

auf so viel Leid

in dieser Welt herabblickt

und scheinbar

nicht handelt?

Du überlegst,
ob du dein Vertrauen
in einen guten Gott
kündigst.
Es gibt viele Gründe
dafür.

Und doch:
Wage es,
trotzdem
zu vertrauen.
Entgegen aller
Vernunft.

Irgendwann wirst
du alles verstehen.
Auch die Dinge,
die dir jetzt

noch vollkommen

unverständlich

sind.

Vertraue darauf.

Lichtgestalt des Vertrauens: Helen Keller

Helen Keller (1880-1968) wurde zur Lichtgestalt des Vertrauens, da sie nie aufgab, einen Weg aus der Isolation ihrer Behinderung in die Gesellschaft zu finden. Im Alter von 19 Monaten wurde sie aufgrund einer Erkrankung taub und blind. Dank ihrer Lehrerin Anne Sullivan Macy (1866-1936) konnte sie jedoch ein Fingeralphabet erlernen, um sich anderen mitzuteilen. Helen Keller erlernte mehrere Fremdsprachen, absolvierte erfolgreich das College, erhielt mehrere Ehrendoktorwürden und wurde Schriftstellerin.

Aussicht auf Glück

1.

Die kleinen Momente des Glücks

funkeln wie Sterne am Himmel.

Du musst sie allerdings

manchmal

in der Dunkelheit der Nacht

suchen gehen.

Nicht immer

überstrahlen sie

dein Leben.

Aber sie sind da.

An dir ist es,

deinen Blick

auf sie

zu lenken

oder weiter

in die Dunkelheit

zu starren.

2.

Das Dunkel

deines Lebens

will dich

immer wieder

in seinen Bann

ziehen

und dir

die Lebensfreude

nehmen.

Starre nicht

zu sehr

auf alles

Belastende

und Unvollkommene.

Plötzlich
kannst du
vielleicht
manches entdecken,
was die Freude
in dir
entfacht.

Genieße
die Schönheiten
der Natur
oder freue dich
an den Begegnungen
mit Freunden.

Es gibt immer wieder
kleine Momente
des Glücks,
auch wenn du

mit vielen Problemen

kämpfst.

Dein Glück ist nicht

an die wenigen

großen Momente

deines Lebens

gebunden,

sondern möchte dir

in den unsäglich

vielen kleinen Augenblicken

begegnen.

3.

Unverhofft

und ohne Zutun

kann das Glück

dein Leben

treffen.

Deine Haltung
lässt dies zu
oder
macht es
unmöglich.

Du kannst dich
dem Licht
zuwenden
oder
das Dunkle
anvisieren.

Es liegt
an dir!

4.

Wenn du das Glück
nur in der Erfüllung
deiner Wünsche
suchst,
vergisst du,
dass gerade
die kleinen Kostbarkeiten
dein Leben
reich machen.

Nicht nur das,
was du bekommst,
kann dich froh machen,
sondern genauso viel das,
was du verschenkst.

Öffne dich
der Erfahrung,
dass das Glück

größer wird,

wenn du es

mit anderen

zu teilen

beginnst.

5.

Auch bei Gott

kannst du

Glück finden.

Er hält

dein Leben fest,

auch wenn

du selbst

das Gefühl hast,

dass dein

Lebensglück

dir

aus den Händen

rinnt.

Gott bleibt,

wenn nichts mehr

bleibt.

Er ist Anfang

und Ende

allen Lebens.

Lichtgestalt der Freude: Franz von Assisi

Franz von Assisi (1181-1226) wurde zur Lichtgestalt der Freude, weil er diese mit anderen Menschen bewusst teilte. Als Sohn reicher italienischer Kaufleute verlebte er eine unbeschwerte Jugend. Im Alter von ca. 20 Jahren veränderte sich aufgrund eines Krieges, durch Gefangenschaft und Krankheit, seine Lebenseinstellung grundlegend. Seine Leichtlebigkeit und Lebensbejahung bekamen Tiefe und er gab seinen verschwenderischen und ausschweifenden Lebensstil auf. In seinem weiteren Leben opferte er sich für Arme, Kranke und gesellschaftlich Ausgestoßene auf und erlebte, wie Freude durch Teilen größer wird.